改運！要先懂風水嗎？
小葫蘆 著
繼大師 編

小葫蘆花鳥畫作

《改運！要先懂風水嗎？》 小葫蘆著 — 繼大師編

目錄

繼大師序

喜聞好友兼學生胡君出書，令本人略為驚奇，在第一時間閱讀後，感覺此書文章雖不多，但內容精簡，文章措辭新穎，有不少新名詞，套入現代科技思維模式，演繹風水邏輯，重塑陰陽二宅風水學問，注入命運軌跡，使人生運程有所改變。

胡君學歷高，用詞新鮮，不愧為碩士生，這些思維，非一般人能做到。筆者小葫蘆在書中加入人工AI圖片，圖畫精心設計，內容生動有趣，閱讀時倍感趣味，亦容易明白內容。

論家居陽宅風水書籍，繼大師暫時未有此系列的著作，因為陽宅牽涉的範圍很廣，必先從大都會中之大陽居選擇地點開始，再篩選地區，再從地域內找出適合的大廈。

亦可在谷歌Google地圖內量度向度，最後選出樓層單位，整個過程，費盡心思，最後交易未必一定成功，懂得風水，未必能享用到吉祥的風水住屋，原因是由個人命運所主宰。

胡君書內一語道破繼大師所有著作內容的精神，就是：

閱讀能以最低成本汲取他人畢生經驗，耗費數百元即能窺探作者數十年積累的學問，實為超高效益的認知投資。

話雖如此說，所有著作必須得真傳者講解。胡君書中所提及非常重要的一點，就是陰陽衰旺原理，大廈內一單位生旺，對面的單位就會衰敗，除非門口向衰的單位內，其窗口所見之巒頭合局，這屬於例外之格局。就是蔣大鴻陽宅口訣所說的：

一門興盛一門衰

蔣大鴻著**《字字金》〈納氣吉凶第十四〉**云：

墓氣從地。宅氣從門。門旺路吉。出入亨通。財丁兩盛。其樂融融。

門旺宅衰。亦不為凶。宅旺門旺。連發可決。

宅旺門衰。其法乃歇。若見水光。救敗亦捷。水位宜衰。元機盡洩。

這個「宅」與「門」等同現代陽宅高樓大廈的窗台及大門，宅向即單位的窗台，門向即屋之大門向度，選擇吉祥風水陽居必須先要符合此點原則。

陽宅因巒頭地域有異，更牽涉宅命卦向，依據現時新型大廈的單位設計，單位每每地方淺窄，若符合風水宅內佈局，實在非常困難，只要單位肆正，向度當元，便是吉祥。

此書共十章，內容有：

風水可信嗎、風水是否很深奧、從命運本質談改運邏輯、風水能改運嗎、風水初學者的入門路徑、風水外巒頭避坑指南、家居室內設計要點、辦公室風水設計、如何選擇風水師傅、家居風水佈局核心要點、風水外巒頭避坑指南、回應書名《改運！先要懂風水嗎？》。

無論如何，胡君著作此本**《改運！要先懂風水嗎？》**是為陽宅風水入門門檻，可作興趣研讀，定有所獲。

繼大師寫於香港明性洞天

乙巳年孟夏吉日

序言 —— 小葫蘆

《改運！要先懂風水嗎？》：從科學思維到生活實踐序言

各位讀者朋友，我是小葫蘆，一個隨繼大師研習風水二十餘載的求道者。世紀之初，我隨師踏勘香港名廟古剎、十大名穴，以及各具研究價值的古墳墓穴。

大師對香港山龍脈瞭如指掌，基於歷史淵源，這片土地確實留有眾多風水遺跡。可惜滄海桑田，城市發展導致諸多名穴古墳逐漸湮沒，如今欲印證三元玄空的實例愈發難尋。

2023 年書展盛況猶在眼前。繼大師著作系列首度參展問世當日，展位前人潮湧動，資深愛好者捧卷如獲至寶，卻也目睹不少讀者翻閱時眉心緊蹙。

一位戴眼鏡的年輕工程師令我印象深刻，他反覆翻閱擇日與陽宅佈局章節後喟嘆：「這些術語較程式語言更晦澀，可有淺白些的詮釋？」此言宛若暮鼓晨鐘，叩響我多年思索：在資訊洪流時代，傳統智慧正面臨傳承斷層的危機。

這份覺悟，催生這部「風水基礎手冊」。有別於繼大師集大成的精深之作，本書猶如險峰間架設的登山棧道，專為初探此道的行者鋪就。

書中前半部聚焦常被忽略的基礎邏輯，後續章節闡釋環境設計的基本原則，從繼大師浩瀚著作中提煉基礎原理，轉譯為現代人易理解的系統知識。

一位絕不輕説妄傳的學生

小葫蘆寫於乙巳年農曆五月初七

第一章：風水可信嗎？

小葫蘆

釐清可信本質

探討風水可信度前，需先破解核心命題 ─ 何謂「可信」？此標準因人而異：有人求財運亨通，有人盼身體康泰，亦有人寄望超脱生死。正如參拜廟宇者或為求子嗣，或為尋求內心安寧，風水對於世人亦承載多元期待。欲明辨其效力範疇，且聽我抽絲剝繭。

風水學的兩大範疇

風水學實分兩大體系：

（一）陽宅風水：透過居所佈局調節現世運勢，涵蓋財運、人緣及健康等世俗追求。

（二）陰宅風水：藉先祖墓葬環境影響後代氣運，其效力可綿延全族至數代。

需明辨的是，無論陽宅聚財或陰宅旺族，皆屬「現世因果」範疇，與靈魂救贖無涉。即便坐擁龍穴寶地，亦無法保證往生極樂或升入天堂——此恰為宗教與風水的本質分野。

現世福報與終極關懷的斷層

若將風水視作終極信仰，實有本末倒置之虞。各大宗教的核心皆在解脫生死：

耶——基督信仰追求靈魂救贖與天堂永生

佛——佛教修行志在往生西方極樂世界涅槃超脫輪迴

道——道教修煉旨在羽化登真成仙

風水雖能增益現世福報，卻無渡化生死之功。正如《金剛經》所言：「一切有為法，如夢幻泡影」，縱得風水助益積累財富，若未用於修善積德，在宗教視域中仍屬「有漏福德」。此現世利益與終極關懷的鴻溝，正是風水難以躋身信仰之列的根本原因。

典籍爲證的學理根基

質疑者常謂風水為虛妄之學，我反問：「莫非兩千年典籍盡是謬談？」且觀歷代經典傳承：

《葬經》：郭璞首倡「乘生氣」原理，奠定陰宅風水基石

《青囊經》：融匯河洛數理，開創理氣派先河

《撼龍經》：楊筠松確立尋龍點穴四訣

《地理辨證疏》：張心言闡釋三元玄空奧秘

這些著作體系嚴謹，與江湖術士的《英耀篇》話術截然不同。正如《黃帝內經》非巫覡之談，正統風水學自有其環境科學與人文地理的深厚底蘊。

現世效驗的辨證

實證層面觀之，風水確具可驗證影響：

香港政府總部建築群設計曾遭風水界質疑，其中心建築被評為「無依無靠、中空漏氣」，理氣佈局更被指違背形勢法則。落成後香港管治困境，恰成反向驗證之例。

風水效力的制約因素

（一）技術門檻：如中醫診脈需十年磨礪，風水巒頭理氣需精妙配合，非速成可及。

（二）個人命格：生辰差異猶如土壤特質，同局不同效。佛家「因果業力」正是差異本質——若福報資糧淺薄，強求風水反成「無根之木」。

理性探討的科學困境

以「缺乏科學證據」否定風水者，其理可解。科學驗證風水確存難題：

欲驗證「龍穴發福」之說，需嚴格對照實驗 — 尋兩組家庭，其成員年齡、職業、教育背景皆需相同，一居龍穴，一居常地。此條件於陽宅已難實現，遑論涉及數代人的陰宅研究。

結語

《易經》既可占卜亦可哲思，風水智慧貴在運用者的格局。真正可信者從非術數本身，而是對天地規律的敬畏，以及在世俗追求與終極關懷間取得平衡的生命智慧。

《本篇完》

第二章：風水是否很深奧？——當千年智慧遇上量子時代的解碼術

小葫蘆

某次與企業高層同乘計程車穿越香港中環時，這位金融界精英突然拋出問題：「用最簡單的話告訴我，什麼是好風水？」一霎時間，《葬經》經典八字閃現腦海——「藏風聚氣，得水為財」。

當我鄭重說出這八個字時，卻見他眼中交織著困惑與失望，最終以「不明白」草草結束對話。車窗外，中銀大廈的稜角正折射著夕陽餘暉，這座貝聿銘設計的建築物在風水界引發的百年論戰，此刻竟成為當代知識傳播困境的絕妙隱喻。

這場對話令我深刻體悟：在5G與AI主宰的時代，人們既渴求傳統智慧的簡明答案，卻又抗拒深究其複雜內核。這種認知矛盾，恰似量子物理中的波粒二象性——我們既希望將古老智慧壓縮成可即時下載的數據包，又期待它保持某種不可言說的神秘特質。

好风水是啥？
藏风聚气

群山圍繞，中央藏風聚氣。

山環水抱，避風塘為氣聚之堂局。

大家一起看看網絡上風水的現代解讀：

科學儀器解碼的空間密語

當流體力學邂逅《葬經》真義，香港理工大學建築環境學院的最新研究揭開驚人發現：符合「藏風聚氣」原則的傳統圍屋，其氣流緩衝帶設計竟與飛機翼型減阻原理異曲同工。

研究團隊在福建土樓設置的 132 個感測器顯示，環形建築形成的微氣候系統可降低 15%空調能耗，這與風水藏風聚氣之說有驚人的吻合。

美國勞倫斯伯克利國家實驗室的 CFD 模擬更帶來突破性證據：徽派建築中的「四水歸堂」天井設計，能在夏季形成每小時 0.3 米/秒的垂直氣流，使室温自然降低 4-6℃。

這種被古人稱為「養生氣」的環境效應，實質是建築物理學中的温壓場平衡機制。

當代風水師發展的「數位巒頭」技術，已能通過 BIM 建模對 2000 座古宅進行參數化分析，建立包含 72 項吉凶指標的決策樹模型。

深圳前海某科技園區的實踐更具革命性：AI 風水系統整合 LIDAR 地形掃描、地磁異常數據與 UWB 人員定位信息，生成動態空間優化方案。

系統運行一年後，有說入駐企業的員工離職率下降 23%，會議效率提升 18%，這與《青囊奧語》強調的「動靜得宜」理念形成數字化印證。

神經科學驗證的千年經驗

腦神經研究的突破為風水效應提供生物學基礎。蘇黎世聯邦理工學院使用 fMRI 監測發現，「明堂開闊」的辦公環境能激活前額葉背外側皮層，使決策信心度提升 37%。

這種神經反應與人類在草原環境中進化出的空間安全感密切相關，解釋了為何《宅經》將「前庭空曠」列為首善之局。

MIT 媒體實驗室的跨學科研究更揭示驚人機制：「玉帶環腰」的水系規劃通過鏡像神經元網絡，能增強團隊成員的共情反應。在模擬實驗中，沿曲水布局的辦公區協作效率提升 42%，這為「得水為財」的古老諺語提供了神經生物學註腳。

研究團隊甚至開發出「風水神經指數」，可量化評估環境刺激對杏仁核與海馬體的影響度。

香港中環的風水攻防戰堪稱現代都市傳奇。滙豐總部大樓的「鋼刀煞」與中銀大廈的「三稜鏡」形成氣場對沖，催生出建築史上首個「風水阻尼器」——該裝置由 36 組可調諧質量阻尼器構成，既能抑制大樓晃動，又通過特定頻率震動化解形煞。

這種力學與玄學的微妙平衡，恰體現當代風水的核心智慧：在可見的物理現實與不可見的能量場域間構建動態界面。

知識傳播的數位化突圍

慕課平台「科學風水 101」課程創下 120 萬註冊量的奇蹟，反映新世代對系統性知識的渴求。課程將八宅理論拆解為 15 個三分鐘模組，配合 AR 羅盤實景教學，使「二十四山」的抽象概念轉化為手機鏡頭中的增強現實體驗。

更有趣的是，學員數據分析顯示，完成課程的工程師群體在空間規劃測試中得分提升 29%，印證了風水思維的現代轉譯價值。

麻省理工出版社《Feng Shui Algorithms》專著引發學術界震動，作者用拓撲數學重新詮釋羅盤七十二龍，證明：**「分金差一線，富貴不相見」**的古老訓誡實為三維流形上的曲率突變現象。

這種數理詮釋不僅獲得建築數學學會年度論文獎，更催生出「風水參數化設計」新領域 —— 設計師現在可以通過 Grasshopper 插件即時模擬布局的「生氣指數」。

量子生物學的最新進展為「氣場」概念帶來曙光。蘇黎世聯邦理工學院發現，人體生物光子輻射會與建築材料中的晶格結構產生量子糾纏，這種微觀互動或許解釋了為何《葬經》強調「地氣萌於石脈」。

當研究團隊用超導量子干涉儀（SQUID）測量故宮太和殿時，檢測到獨特的磁通量量子化現象，據報這可能揭示古代「點穴」技藝的物理本質。其實是理氣中方位及方向的極至發揮。

科技未解的傳承秘辛

真正的風水智慧，是融合環境動力學、能量場論與時空參數的原始系統工程。它要求實踐者既具備流體力學計算能力，又保持對自然節律的敏銳直覺。研習風水如同解譯宇宙的加密訊息 —— 既需要換解分析空間頻譜，也要懂得聆聽大地的呼吸節奏。

當我們站在香港太平山頂俯瞰維港兩岸，那些鐫刻著風水密碼的摩天大樓，實則構建了當代最精妙的開放式實驗室。每道玻璃幕牆的折射角度、每組空中連廊的架設方位，都在演繹著古老智慧與現代科技的量子糾纏。風水的當代詮釋，正需要這種跨越時空的系統性思維革命。

儘管以上種種現代技術能驗證風水效力，但核心機理仍存科學盲區。如同晶片製造中，知曉矽材特性不等於掌握光刻技術，風水的「隱性知識」體系需要師徒相授的心傳。當中巒頭與理氣的配合更是秘中秘的口訣。

《本篇完》

前去有一曲之水

屈曲的 U 形水流　　玉帶環腰

赤柱生氣凝聚

香港島山環水抱

第三章：風水究竟能否改變命運？

小葫蘆

「從命運本質談改運邏輯」

這個千年叩問的答案，需從理解「命運」本質切入。

命運一詞在哲學層面具有多維詮釋：

宿命論者

視其為不可掙脱的枷鎖，主張「命運既定，全然不可逆」。

現代心理學

認為客觀結果是命運最權威的定義：人生境遇取決於行為模式，行為源於選擇，選擇受判斷影響，判斷由情緒主導，情緒根植於認知層次，認知取決於意識型態，意識最終由人格特質形塑。此脈絡強調「選擇比努力更重要」── 正如辛勤農民未必最富足，而突破認知邊界方能真正改命。

佛門觀點

否定命運的二元對立，依《金剛經》「無我相、無人相、無眾生相、無壽者相」的教誨，將命運視為業力法則的顯現，主張「一切皆是最佳安排」。

科學詮釋

則將命運解讀為混沌系統的概率共振，認為個人意念頻率與外在事件共鳴，此即「吸引力法則」的運作機制。

儘管各派詮釋迥異，命運系統既似存在不可逆規律，卻又顯現介入可能。關鍵不在論斷命運「是什麼」，而在探究「如何應對」── 此恰與釋迦牟尼「人生酬業」的觀點呼應。本文暫不深究人生軌跡的形成機制，而以傳統智慧歸納的十項命運要素為分析框架：

十項命運要素的現代詮釋

一命、二運、三風水，四積陰德、五讀書。

六名、七相、八敬神，九結善緣、十養生。

此系統兼具宿命底色與能動空間，其核心邏輯可解構如下：

（一）**命**：先天命盤的辨證法

生辰八字猶如人生初始編程，暗合《易經》「窮理盡性以至於命」的智慧——承認先天框架（如出身階層），卻主張在限制中突破。

如同種子基因雖定，生長仍需後天養分。若命格具音樂天賦，順勢發展可事半功倍，強求成為律師或醫師恐事倍功半。

（二）**運**：時勢起伏的波動率

八字大運與流年構成命運節奏，如同股市大盤中的個股走勢。命理界常言：「好命不如好運」。若具人工智慧天賦卻生於 1980 年代，時運錯位便難展所長。然運勢曲線實已蘊含於命盤結構，二者實為一體兩面。

（三）**風水**：環境能量的調頻術

位列第三，反映古人「天人合一」的深刻認知。現代科學視角下，風水實為通過空間規劃優化氣場流動，與環境心理學、建築生態學形成跨時空對話。

坊間有論風水是「生長環境決定發展上限」，如音樂天才生於非洲部落恐埋沒才華——此說若完全成立，本書有關風水論述將失卻意義，故需更深入辨析。

（四）**積陰德**：因果法則的實踐學

道家《太上感應篇》「禍福無門，惟人自召」與佛家因果觀在此交匯。隱性善行如同無形儲蓄，能在關鍵時刻觸發命運轉折。

實例可見諸企業家低谷時獲貴人相助，而貴人多為其早年善舉受益者的親緣網絡。

（五）**讀書**：認知突圍的破壁器

科舉時代「書中自有黃金屋」的功利思維，在當代昇華為「知識重塑命運軌跡」的進階認知。閱讀能以最低成本汲取他人畢生經驗 ── 耗費數百元即能窺探作者數十年積累，實為超高效益的認知投資。

（六）**名**：社會資本的雙面刃

傳統姓名學講究八字與筆畫數理共振，現代延伸為個人品牌經營。需警惕過度追求名望反成負累，當以「實至名歸」為準則。

（七）**相**：非語溝通的隱形力

面相學揭示的運勢軌跡，可轉譯為現代肢體語言與氣質管理。雖骨相天生定礎，「相由心生」的淬煉空間永存。

（八）**敬神**：靈性錨點的建設論

超越宗教儀式的形式，本質在建立應對無常的心靈參照系。無論佛道持咒或基督禱告，核心皆在培養敬畏心與內在穩定度。

（九）**結善緣**：人脈網絡的生態學

貴人運非偶然機遇，而是長期經營的關係生態，可視為積陰德的延伸。

《論語》：「友直、友諒、友多聞」，強調人脈質重於量。

（十）**養生**：載具維護的基礎課

肉身作為體驗世界的介質，其健康度直接決定命運改寫能力。失去這具「生物載具」，一切功名利祿皆成虛妄。

天時、地理、人和的系統架構

十要素可歸納為構成命運的三大維度：

天時（命、運、相）

先天設定如同遊戲角色初始屬性，屬相對不可變因素。和「名、讀書、積德、敬神、養生、善緣。」

姓名影響力雖存，其效難與風水比肩。

讀書如同升級「人生操作系統」。

積德參照《了凡四訓》改命實錄。

敬神重在修心煉性，非徒具形式。

養生避免「心有餘而力不足」。

善緣貴人運實為長期經營成果。

富家子或疏於積德，寒門子弟反能後天突破 — 此即命運系統的動態平衡機制。

地理（風水）

地理成為最易調控的槓桿，故風水學成扭轉乾坤之術。透過陰宅修造、陽宅佈局的空間程式設計，確能調節氣場影響運勢軌跡。

實證案例：曾建議企業友人勿在辦公室中央增設門戶，因勘測顯示將不利新主管健康。友人信而不作改動。該主管上任前突驗出心疾而辭職，若強行開門，主管上任必將觸發病厄應驗。此例彰顯風水可介入命運軌跡，而人事變動反饋風水效力，揭示風水如何介入命運平衡機制。

應用警示：

陰宅調整需專業判讀，切莫擅動祖墳。

風水效力受天時人和制衡，系統存在動態平衡——猶如信用卡消費需考量儲蓄底蘊，過度消費終將面臨系統反噬，強求風水寶地卻福德不足者，終將如無本之木的枯萎。

改運機制的系統觀

釋迦牟尼揭示的成功三要素「願景、努力、神明賜福」，實質呼應「天地人」三才共振原理。

風水雖為有效槓桿，仍需配合：

認知升級（**讀書明理**）

能量積累（**積德行善**）

載具維護（**養生修心**）

終極改運智慧，在《荀子》「制天命而用之」與王陽明「心外無物」間取得平衡：既敬畏天地法則，又發揮主觀能動；既善用環境資源，更注重內修功夫。真正的命運轉折，始於對生命系統的深刻覺察與持續優化——此即佛家修行的其中真諦。

《本篇完》

NO

看八字掌相

第四章：風水初學者的入門路徑

小葫蘆

學習動機與方向選擇

若您自幼接觸風水學說，或已具備基礎認知卻遭遇瓶頸，抑或遍尋名師未得真傳，繼大師的三元風水系列著作將為您系統揭示秘奧；書中對巒頭理氣的整合運用有詳盡剖析，值得深入研讀。

若僅出於家居佈局或改運需求，建議優先參考坊間基礎風水書籍。此類讀物多提供簡明原則，如財位佈置、形煞化解等實用技巧，既可滿足好奇亦不耗時。

但若追求體系化知識、渴望破除迷信迷思，則需慎選明師深入學習。

核心框架與學習次第

（一）陰陽平衡：例如男為陽、女為陰，日屬陽、月屬陰，光為陽、暗為陰等對立統一關係。

五行生剋：

相生鏈：金生水 → 水生木 → 木生火 → 火生土 → 土生金

制約關係：木剋土 → 土剋水 → 水剋火 → 火剋金 → 金剋木

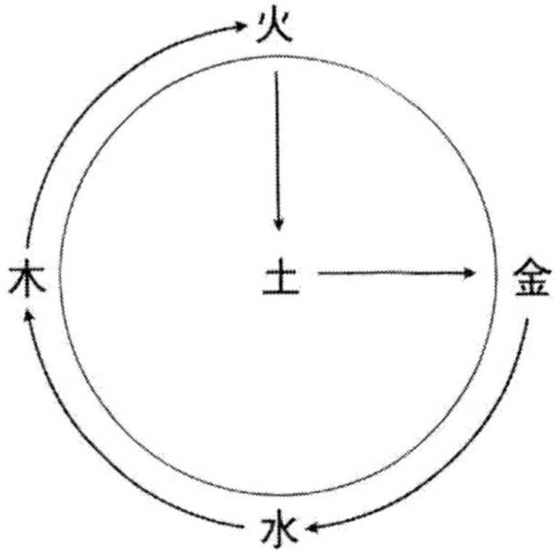

五行相生圖

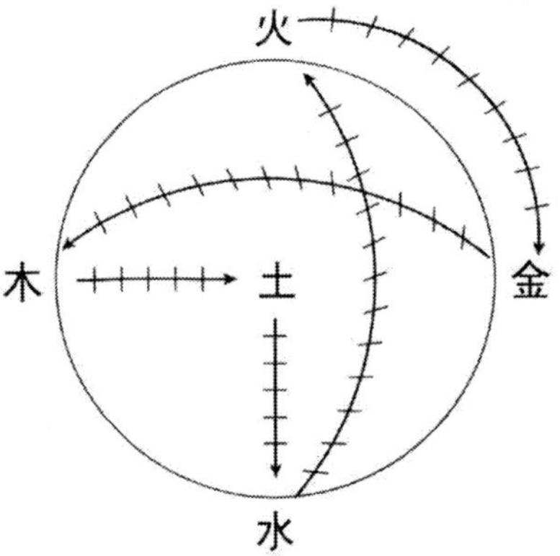

五行相尅圖

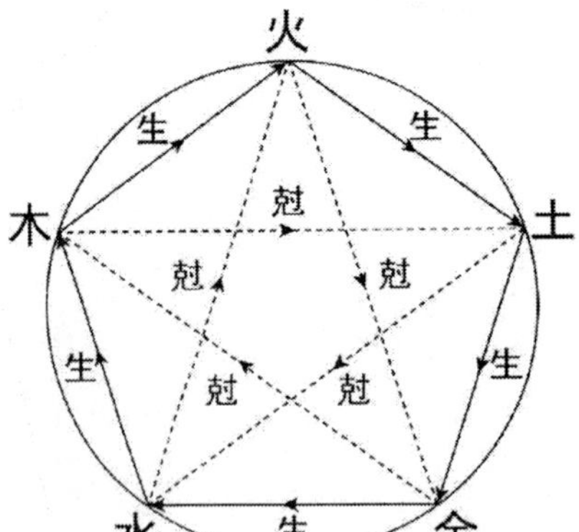

五角形綫是相生方向路綫
星形綫是相尅方向路綫

（二）學派認知要點

巒頭理氣辨證觀：

巒頭派：專注地形勘測（龍、穴、砂、水、向）

理氣派：精研方位推演（三元九運／羅盤六十四卦）

二者猶如鳥之雙翼，需協同運用，實務中常需權衡取捨（如優質形勝之地未必合元運）。此屬進階技巧，初學者暫可擱置。

（三）學習範圍界定

陽宅優先原則：初學宜聚焦現代住宅（尤以香港密集環境為例），實用性有助維持學習興趣。陰宅因涉及祖先與陰人，影響深遠，且需深厚功力方可駕馭，初學者務必暫避此領域。

生活化切入點：從觀察居家外局（樓距／天斬煞）到內局（間格／財庫位）逐層精進

（四）精進階段

理氣深化：研讀繼大師系列理氣著作，掌握羅盤天盤及地盤六十四卦排法。

田野考察：實地勘察名勝古刹廟宇結構佈局，驗證「山環水抱」與「真龍結穴」理論。

要掌握巒頭理氣的配合之法，非經十年八載鑽研不可達成，坊間數月速成班難以企及。讀者需持之以恒，方能窺得真傳。

《本篇完》

峦头
理气

第五章：風水外巒頭避坑指南

小葫蘆

所謂風水外巒頭，簡單說就是選房要看「周邊環境」和「山形地勢」。最理想的當然是找到傳說中的「真龍結穴」寶地，但這種頂級風水局要麼被廟宇佔著，要麼早被富豪搶光啦！咱們普通人與其幻想尋龍點穴，不如先學會避開這些地雷房型。

界水地別碰！

兩山夾一溝的地形便是典型界水地，就像天然排水溝，住這種地方簡直財神繞道！香港不少山邊屋就踩了這個坑，住客常破財又鬧心。有些師傅說低窪地能「聚水為財」，但沒三十年功力千萬別試，水氣亂竄可比漏水麻煩多了！

有一種情況要注意，有些在實地上建屋，但該地原本是一水坑，水坑被封頂，一般是很難看出，這也是界水之地。

孤高房要命！

比周圍房子高出一大截的「孤峰樓」，四面八方的風煞直接灌進屋裡。這種房子要麼住著大人物能鎮場，普通人住進去就像站在颱風眼——聚不了財還容易惹是非。

反弓煞退退退！

首先認清三種反弓格局：

（一）反弓水

推窗看見河流像「拉滿的弓」朝自家彎曲，水流彷彿要沖進屋內！這種「水箭煞」會讓財氣隨著水流被帶走，住久了存款數字比水位降得還快。

（二）反弓路

對面馬路或天橋劃出尖銳弧線直指家門，就像被車流天天「掃射」。

高絕之地不可居

界水之地不可居

深坑窩凹之地不可居
豆包AI

龍脈氣聚結穴之地

馬路反弓

高架反弓天橋

（三）反弓建築

別以為圓形建築物很可愛！體育館、圖書館這類大型弧形建築若正對你家，整面曲牆會形成「聲光反射罩」。

風水核心原理：

順弓：格局有情 ── 氣場和諧

反弓：氣場對沖 ── 無情破局

是水路、馬路還是圓型建築，只要窗外看到「＞」型弧度正對你家，這就是傳說中的反弓煞！好比天天被弓箭指著，這種房子容易招意外。

奇葩型大厦快逃！

案例一：千層糕大學

某香港的大學大樓外型像被孩子推過的千層蛋糕，樓層歪斜不正程，在這裡上課的學生多思緒混亂，意志不堅定，容易被唆擺，不知多年前校園事件是否有關連。

案例二：劈刀政府樓

九龍某政府大樓主建築設計像中間裂出神秘縫隙，根本是建築界的「武士刀切豆腐」行為藝術！很想知道在這裡上班的員工遇過甚麼凶事，會不會：

電梯總在關鍵時刻罷工

辦公室冷氣忽冷忽熱

茶水間八卦傳得比光速快

案例三：三角火形屋

三角型即火形屋，是隱形詛咒，這種銳角建築根本是 3D 版脾氣培養皿！温和的人入住也能培養剛烈的脾氣。

千層糕大學

古怪大廈

穿窿孭仔大廈

劈刀政府樓

三角火形屋

「武士刀切豆腐」行為藝術

穿窿「門常開」大樓

古怪大廈

穿窿大廈

這些屋型內家居擺設都有難度，一些家具永遠對不上牆角，真的強迫症患者慎入住。

正所謂屋相如人相，想像把房子擬人化……

方正屋——四肢健全的穩重大叔

圓形屋——福態滿滿的彌勒佛

三角屋——拄拐杖的獨腳海盜

缺角屋型會讓氣場「跛腳」，運勢當然一拐一拐。但在我觀察中，奇怪地有例外，三角型地型建築用在飲食業上是可以的。這火型三角格局換個用法，三角型建築拿去開商場，我認為這是神操作！秒變財氣！

麻辣火鍋店：火形助燃越辣越旺。

網紅咖啡廳：銳角裝修自帶打卡光環。

韓式烤肉店：油煙都成招財煙霧彈。

燒肉店火愈旺生意愈旺。

奶茶店排隊人潮自帶聚財陣。

美食廣場油煙都算「火生土」吉象。

窗外風景很重要！

在風水上有所謂：「**得水為上。藏風次之。**」

陽居家宅環境最佳是能收到來水，能不能收到來水，要看水流，當中牽涉風水技巧及經驗。縱使你的住宅不在結穴之地，照樣也能小富即安。

窗外風景定吉凶

加分場景（有情格局）

推窗見整排鄰居正臉，不是屋或大廈的背面，彷彿建築物在對你微笑打招呼，此乃有情也。

陽台對公園綠地，每天自帶清新空氣和鳥語花香，家人也精神奕奕。

遠眺緩坡流水，像天然財運輸送帶向着你的家宅，即接來水，發也。

減分地雷（無情格局）

（一）垃圾站視野房

住客 24 小時接收腐氣攻擊，穢氣為障礙，豈能身體健康呢！

（二）尖角對沖宅

對面建築稜角化身「隱形刀陣」正正對着你門口式窗口。

有風水師建議破解方案，是在窗台擺鏡子和仙人掌反彈煞氣，我並不反對但以搬出為上策。

（三）天斬煞夾縫屋

兩棟樓夾出天空一線天，門前式窗外望見均是天斬煞。

隨方位流年到特定年份自動觸發「破財、病痛」效應。

（四）車流迷魂陣

大廈正對繁忙的交通公路，用風水術語，這是明堂散亂。整天看車流像盯著催眠懷錶，注意力變得渙散，決策力歸零，香港島某明堂散亂大廈曾多次上演「空中飛人」慘劇。

終極選房口訣

背有靠山、左右環抱、門前開闊，這是風水好宅的基本條件，但談何容易呢！可能符合條件的基本是要中彩票才買得起。

就算找不到完美戶型，至少避開上述五大地雷！再配合理氣佈局，小康之家也可穩穩的，但必須是真懂風水的明師才能使出妙招。

「寧看阿婆晨運，莫對鋼鐵煞陣。」

「窗前有景心中有靜，窗外有煞錢包會怕。」

再提提大家，真想學尋龍點穴，可私信繼大師試試？

《本篇完》

設計吉祥之木火形主樓教堂

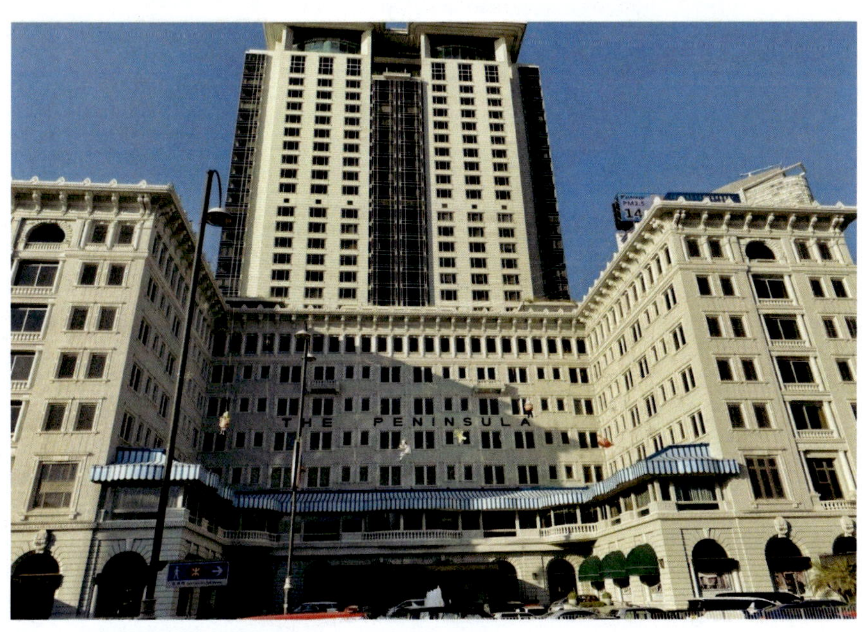

有靠有龍虎吉祥設計的半島酒店

有情建築物

中間凹缺，外相呆木。

樗里子著《風水口義》內名為「箭風」

行人天橋可作為下關砂，兜截生氣。

淺水灣弧形建築物

匯豐銀行為骨多肉少

除中銀外都是有情建築物

孭仔屋大廈

第六章：家居室內設計要點

小葫蘆

家居風水佈局核心要點

選擇理想居所首重「外巒頭」（外部環境），待地點確認後，需進一步規劃「內巒頭」（室內格局與陳設）。以下分項分析關鍵禁忌與解方：

室內間隔設計避坑原則

（一）穿心煞

大門直通後門或陽台形成貫穿通道，中間走道愈狹長凶險愈甚，此類格局易導致氣場急速流失。

（二）漏財格

開門即見廁所入口或廚房爐灶，將嚴重削弱財運並加劇家庭矛盾。此類缺陷多源自建商原始設計，建議看房時審慎評估，必要時寧棄不選。

（三）心漏格

廁所設置於房屋幾何中心點，形同「濁氣核心」，對居住者健康與運勢產生持續耗損。

（四）扭腰格

鑽石形非常態戶型（如香港某建商特色設計）易致氣場紊亂。改善之道在將轉角三角區改造為儲物間，重塑方正格局，以利氣流穩定。

功能空間佈局指南

廚房設計禁忌

開放式廚房風險

現代流行開放式設計，然廚房火氣擴散將衝擊全屋氣場，尤不利女主人運勢。若僅作裝飾用途且無實際烹飪需求，方可考慮此設計。

爐灶配置要點

理想狀態：爐頭低於檯面且背靠實牆，形成「藏風聚氣」格局。

現代設計多採爐檯水平配置，雖非嚴重缺陷，仍建議優先調整。

絕對禁忌：爐灶與水龍頭若位置錯誤，形成「水火相沖」格局，易引發家庭失和。

空間改造警示

大樓同戶型結構具連動性，大幅改動可能破壞整體風水。

經典案例：拆除主臥衛浴改設嬰兒床，恰使嬰兒睡眠區正對上層馬桶位，長期將嚴重影響健康。改造前務必確認上下樓層對應關係。

臥室與財位佈局要訣

（一）舒適睡房基準

床頭需靠實牆，忌對窗戶。

房門不可直衝床體，香港蝸居難免衝床，至少避開床頭直對。

套房設計需加強衛浴排氣，避免穢氣滯留臥室。

（二）財庫位定位法

香港常見戶型：入門斜對角為財位，廳中開門者則取兩側對角。

佈置建議：擺放適量闊葉盆栽，避免過大過密造成陰氣聚集。

風水調節的理性認知

遵循上述要點即可構建合格內巒頭格局，配合方位理氣更臻完善。至於逐年更換風水擺件，如銅錢、開運竹、生肖飾物等，雖非三元風水派理論依據，若使用者心理認同，亦可適度採用。

《本篇完》

爐灶在中間無依無靠

爐灶與水龍頭若位置錯誤，是水火相沖。

部份床頭靠窗

床頭靠實牆

第七章：辦公室風水設計

小葫蘆

如何選擇辦公室單位

現今香港辦公室大多數是在多層商業大廈內，基於交通或租金種種問題，有很多時職場大廈位置己定，選擇的只有樓層及單位坐向，如果大型企業，是可以把整樓層佔為己用。

在香港的營商環境下，大多數是以中小企為主，一般只佔某樓層的一個單位，或連續雙連單位。

每層設計多數是走廊两旁是個別單位，此時要選合適單位，以內巒頭（室內環境）功夫好像不能大派用場，因為每一單位位置只是前後左右不同，設計分別不大。

此時最理想是以三元卦理方法去選單位，但能運用自如是談何容易，非多年功力不成。

今日讀者有福，我將於此書洩漏少許天機，教大家以簡易權宜版的三元理氣功夫，來選合適辦公室單位首先要記住一個口訣「一門興盛一門衰」，在長長的走廊上兩邊一頭一尾的單位，假如兩單位的門口是互相對着，其中一間單位公司必然經營困難。

通常也就地產經紀帶你看的單位，因為經營業績不好，所以才出讓單位，這也未必一定，可能生意興隆而搬另一大單位，所以把單位讓出。

但無論如何，這一頭一尾單位，必然一家生意好，一間生意差，所以選擇前先打聽一下，如果對面公司生意不錯，這個單位最好不要，當然是有理氣方法化解，但明師才可處理，那麼便另作別論。

在同一走廊上，門口互對單位也同一情況，這是同一樓層選單位的簡易版速成卦理法則，選家居住宅樓層同論。

辦公室的風水設計和家居原則一樣，假如你擁有自己獨立的辦公室，你的坐椅後面要有靠，最忌是落地大玻璃窗，有些大老闆以為背看一塊落地大玻璃會有領導氣派，這是大錯特錯。這樣不僅漏財，無靠即是無靠山也，就是說決乏貴人幫助。

還有要防止辦公室門直冲坐位，這樣影響精神及工作效率。

當你坐在自己辦公室房間工作時，你一定要看到房門口，有沒有人敲門進來，你一目了然，切忌背門而坐，易犯小人事非。

當然如果要把小小辦公室房間風水做到盡，最好是配合自己命卦，較正房門方向及方位，再配合窗外巒頭便一佰分。

香港人大多數是打工一族，很多都沒有自己獨立辦公室房間，全公司同事坐在大廳，有的全部人坐同一方向，或背對背之「豬肉枱」。

如果你的坐位是公司決定而不能自選，那麼便認命了，如果可以自己選擇坐位，你仍然依照前面所述原則，首選是入門對角的位，如家居風水一樣，這是財庫位，要搶佔，再來選後有靠，即是坐位後面有實牆式大櫃之類，避免坐位直衝門口。

搬入新辦公室擇好吉日遷入，可用正五行擇日法選日子，如果不懂，可翻看通勝選「定」或「滿」日即可，切勿選破日搬遷。我遇過一例子，一風水大師竟然選破日為事主新辦公室入伙，結果……

其他注意地方還有色調配合，黑白灰為冷色，紅黃為暖色，冷暖色佔比適中最好，假如辦公室以粉紅色為主，類似娛樂場所，此設計方法也不利公作。

還有在辦公室內擺放各式各樣的風水擺設物，較果很難評論，但我個人覺得與找對方向方位的成效不可相提並論。

還有一點想提提大家，所有擺設物忌大型假山、假石、流水之類的物品，這些多少帶點煞氣，對身體不利。

《本篇完》

寫字枱不能全部靠牆

辦公室寫字枱靠窗

寫字枱對窗及背靠門沖

第八章：如何選擇風水師傅

小葫蘆

如何選擇風水師傅

從「醫學專科」談玄學分流

許多人捧著大疊鈔票請風水師傅改運，結果財庫未滿反遭掏空。在這真假難辨的玄學江湖，與其說要「找師傅」，不如說需培養「識人慧眼」。本文將以多年觀察，提供幾項實用篩選法則。

（一）需求定位：玄學市場的「分科掛號」原則

踏入玄學領域前，須先釐清核心需求。須知「八字算命、紫微斗數、鐵板神算、風水、卜卦、改名、擇日、掌相」等八種術數，雖皆屬玄學範疇，坊間亦多有風水師傅宣稱精通全部。

然此八門學問雖根基相通，實則各有專精。猶如醫學體系分設普通科、精神科、骨科、婦科等專科，縱使醫師皆具基礎醫學知識，亦難全面精通。

玄學界亦復如是：

掌相高手未必通曉風水，陽宅大師未必深諳陰宅奧秘。

醫學界有嚴謹考核制度規範專科資格，玄學界卻缺乏系統認證，從業者專長全憑自述，故坊間充斥自詡「全科通才」者，此實為普遍迷思。

更甚者，有風水師開口即大談符咒道術。此道雖確存於世，然真諦掌握者鳳毛麟角，此舉實已逾越風水專業邊界。運用得宜或可增益風水效力，操作失當則恐誤人子弟。

（二）實證檢驗：建立「預言追蹤系統」

對實證主義者而言，任憑風水師巧舌如簧，仍需具體事證佐證其能。筆者小葫蘆建議採用「書本驗證法」：

（一）蒐集各師傅於歲首出版之運程書

（二）針對書中年度預測建立追蹤表

（三）以自身生肖為基準逐月核對

（四）年終檢視預言準確率進行初篩

若能覓得預測精準者，或為可託付之人。然需事先提醒：多數預言內容包山包海，常予人「無懈可擊」之感。

試觀筆者小葫蘆示範之流年預測：

「屬馬者今年無沖合，吉星拱照運勢轉機。服務業或男性上司麾下者，把握達標專案則可獲提拔。『天廚』『咸池桃花』併現，既有姻緣可修成正果。

單身女性脱單在望。『文昌』利學業考試，『天空』助創作發展（資金充裕者不妨一試）。然『晦氣』凶星潛伏人際暗湧，處事當低調避鋒芒。建議隨身佩戴黑水晶化解口舌，提升正能量。」

「全球今年恐多天災（火、水、疫）、戰事頻仍，股市震盪需謹慎投資。」

閱畢此預測，讀者反應不外二者：

盛讚神準

嗤之空泛

故此驗證法僅供參考，成效難保。

（三）面相玄機：解讀「氣場密碼」

坊間素有「面黑師傅多靈驗」之說。長期處理負能量場者，面容確易顯特殊氣色，猶如急診醫師自帶疲態。

然面黑僅反映接案量多，與功力深淺無必然關聯。風水調整本涉因果干預，若師傅未修「自淨功法」，恐遭負能反噬，重者甚至折壽損運。

（四）釐清誤區：風水 ≠ 環境科學　（註：≠ — 不等於）

部分人士強調風水乃「與環境融合的科學」，主張採光、通風等要素能提振精神、提升效率。此說法固可理解，因風水尚未被承認為精密科學，然若師傅僅以環境科學觀點論述，避談方位格局，甚而

省略羅盤勘測 —— 與其如此，不如直接聘請專業室內設計師，既省顧問費又能優化空間。

（五）防偽提醒：慎辨「繼大師」真身

筆者小葫蘆隨風水導師繼大師修習二十餘載，對其特徵深諳於心：相貌莊嚴、身形清瘦、衣著樸素、談吐儒雅，且為佛門修行者。

特此說明緣由，因坊間已現盜版著作，偽冒者恐將伺機而出。若遇「面圓體闊、滿身銅臭、商人氣質」之自稱繼大師者，務必提高警覺，切莫受騙。

《本篇完》

第九章：家居風水佈局核心要點

小葫蘆

居所附近環境，即是地區所在地，每個國家地域風水不盡同，故首重「外巒頭」，以下分項禁忌要點：

（一）聲煞、氣煞

街道與大廈的距離勿太近，外部環境被大街大道影響，窗台面對大街或高速公路，引致家居內氣雜亂。

（二）懸崖、坑陷煞

建築物面對懸崖邊緣，窗台無敵觀景雖美，但懸一線，一遇洪雨或颱風，隨時有倒塌危險，如紅山半島山泥傾瀉事件一樣。

當確認選址風水穩當後，再來就是內部規劃，稱為「內巒頭」（內部環境），待地點確認後，屋內須進一步規劃，稱為「內巒頭」。

（一）廚房或廁所不能在屋中央，氣場雜亂，影響居住者身體，易生疾病。

（二）房屋方位有缺角，八卦方位分析如下：

乾宮——在乾宮老人有病，或短壽，在離宮，易患眼、心臟、血管等病，人物為老父。

坤宮——在坤宮則易患腸胃、皮膚等病，人物為老母。

震宮——在震宮則易患肝、手部等病，人物為長男。

巽宮——在巽宮則易患氣管、肺部、呼吸道等病，人物為長女。

坎宮——在坎宮則易患腎臟等病，人物為中男。

離宮——在離宮則易患眼疾，血壓、血管、血漏等病，人物為中女。

艮宮 — 在艮宮則易患腳部、足部、大腿等病，人物為少男。

兌宮 — 在兌宮則口舌是非，易患食道等病，人物為少女。

依卦象而定吉凶，以先天卦宮為主，這以理氣方面而言。

在屋之「內巒頭」要注意的地方如下：

（一）陽居在形勢上有煞，例如廳堂尖角形，亦容易犯上口舌、脾氣暴躁、心臟等病，但亦對於藝術創作而言，亦有良好的一面，如有利於寫字、畫畫、音樂、雕刻、陶瓷藝術等。

（二）主人房或客房門口正對廁所、浴室或廚房不吉，大門入口對廚房或壁爐，則夫妻感情不順，婚姻容易出問題，大門入口正對廁所則容易患病。

（三）所以屋內各門不能真通，例如大門入口正對客廳之走廊，然後正對房門，三門成一直線，穿心煞之一。

（四）房屋單位一入大門後到客廳，然後是一片落地大玻璃窗，窗外空曠，則廳堂內部生氣盡散，「內巒頭」氣不聚，不能聚財，容易入不敷支，是漏財格之一。但若客廳大玻璃窗外之「外巒頭」是「山環水抱」則屬例外，是內與外巒頭齊看。

（五）屋內任何房間、廁所、廚房、浴室等設備，不能成三尖八角形，為：「火形煞氣」，影響居住者脾氣暴躁、思想古怪偏僻及性格倔強執着，嚴重者容易發生衝突，易犯上倫常慘劇。如屬女性，長久居住在三角形的房間，容易發生不正常的男女關係，如專找有婦之夫為伴侶等。

任何陽居，先從選址開始，有外巒頭，配合坐向，選取俱備旺氣大廈，再選出上、中、下高度層數，配合外局，加上內巒頭佈局，風水調節，自然人氣急升，旺財旺丁，工作順利，萬事如意！

《本篇完》

廳門對房門

大門對廁所門

廳門對房門

厕所在中央（心漏格）

廚房爐頭有靠

開放式廚房

廳堂對角為財庫位宜放植物

床頭靠實牆

第十章：回應書名《改運？要先懂風水嗎？》

小葫蘆

關於「改運是否需要通曉風水」的提問，我可以告訴讀者：風水調整改運確實有其作用，但其中存在著微妙的因果關係。若個人時運未至，縱使勉強調整環境佈局也難見顯效。

正所謂「福地福人居」，風水與命運實為相輔相成。與其耗費心力強求外在格局，不如從根本培植善因：「日行善舉。累積福德。」

待內在福報充盈之時，自然會牽引相應的風水機緣。

在此分享個人修心改運之法：每日虔誦《高王觀世音真經》。此經文不僅能助人超脫生死煩惱，更具化解諸般厄障之殊勝功德。

正因親證其消災增慧之效，我特將經文出處及來歷，述說如下，盼能為有緣讀者開啟轉運契機。須知真正的風水玄機，終究繫於心地福田的耕耘。

高王觀世音真經的來歷 —— 小葫蘆

唐朝時就有高王觀世音，很早就有，一直流傳到現在。因為在西夏時代（西夏在唐朝到宋朝期間），那時河西走廊的賀蘭山跟祁連山的中間就是西夏王朝。

西夏王朝所有的人全部唸《高王觀世音經》，所以成吉思汗鐵木真攻西夏王朝，連續差不多六次都攻不進來，這也就是高王觀世音菩薩護持的力量在裡面。

《高王觀世音真經》（又稱《高王經》）是一部在民間廣為流傳的經典，相傳是觀世音菩薩在夢中親自傳授的。關於它的來歷，主要有以下說法：

孫敬德說：

相傳北魏天平年中，孫敬德因被牽連入獄，遭受行刑，在獄中不停唸誦《觀世音菩薩普門品》。

後來夢見一位沙門教他唸誦《高王觀世音經》千遍，便能免於死難，洗清冤獄。醒來後，他照著夢中教導，默念一千遍，結果在行刑時，刀子斷了，最終得以赦免。

盧景裕說：

根據《魏書》和《北史》的記載，本經是由盧景裕所傳出。盧景裕的堂兄反抗高歡失敗後，他也被牽連入獄。在獄中，他誠心念經，枷鎖居然自行脱落。

夢授說：

《高王觀世音經》的傳説也包括觀世音菩薩在夢中傳授經典，讓人在誦念後免於苦難。總之，《高王觀世音真經》的來歷，一般認為與觀世音菩薩的庇佑和人間的苦難有關，經中記載了在特殊情況下，透過誦唸經文，可以獲得救度，因此廣受民間信仰。

附註：各讀者如想唸誦，可在網絡上下載全部經文。

《本篇完》

後記 ── 小葫蘆

最後想跟大家分享一個故事。

一位富豪買了一塊地，因為地上有棵很大的荔枝樹，而他的妻子非常喜歡吃荔枝，所以他買下那塊地並在上面蓋了一棟別墅。裝修期間，朋友勸他找個風水師來看看。富豪本來不想，但後來還是同意了，專程去香港請了一位在圈內很有名氣的風水大師。

在火車站接到大師後，富豪開車載大師前往大宅。一路上，他開車十分禮讓，總是避讓身邊的車輛。大師見狀笑道：「你開車真穩。」富豪哈哈一笑回答：「超車的人多半有急事，我不能耽誤他們的事情。」

快到別墅時，富豪放慢了車速。突然，一名小孩從馬路旁衝出來，富豪立刻停車讓小孩先過。等小孩過去後，大師問：「為何不繼續開？」富豪回答：「等等。」過了一會，果然又有一位小孩從路邊衝出來。大師驚訝地問：「你怎麼知道還有小孩會衝出來？」富豪解釋道：「剛才第一個衝出來的小孩滿臉歡笑，一個人不太可能笑得那麼開心，我推測他是在玩追逐遊戲，後面應該還有另一個孩子。所以我們要等一下，讓第二個小孩也跑過去再開車，避免不小心撞到。」

大師聽了點頭同意。

到了別墅附近，一群小鳥忽然飛過。富豪又停下車說：「大師，可否稍等一下？這群鳥估計是從那棵荔枝樹上飛出來的，可能是小孩爬樹摘荔枝驚動了牠們。我們等一會兒，讓小孩摘完荔枝再進去吧。」

大師聽後便說：「不用看風水了，我可以回去了。先生，你住的地方就是風水寶地。你是一位大善人，所住的宅邸必然是福地啊！」

這個故事寓意「福人居福宅」，大善之人必有福報，意義非常明顯，不必贅述。我個人對看風水持隨緣態度，認為不可強求。

但從另一角度看，這位大師就此離去，難免顯得有些草率，讓人感覺看風水似乎是多餘的。假如我是那位大師，我依然會繼續為富豪勘察他新宅的風水，畢竟那是新入住的房子。

如果現場客觀條件確實符合好風水的格局，那麼正好多一個實例來印證風水的力量；如果在現場勘察中發現巒頭、坐向等有問題，我也可以幫助他調整——這或許正是上天的安排，讓我來幫助這位善人。

在此勉勵大家認真學習真正的風水知識與技巧，切勿因道聽塗說而影響對風水的正確認知。

小葫蘆寫於乙巳年農曆五月初七

作者小葫蘆簡介 —— 小葫蘆

業餘玄學愛好者。師從風水名宿繼大師，系統研習風水擇日之學二十餘年。承師門所授，專攻三元元空風水，於六十四卦運算、元運旺衰及巒理配合之理法頗有心得；同時深諳擇日吉課配合空間佈局之重要性。非執業者，然懷抱對傳統文化之熱忱，堅持以嚴謹態度研習與印證。開寫此書，旨在分享個人研習過程中的思考與體悟，以文會友。

跋——繼大師

這本胡君所著的《改運！要先懂風水嗎？》一書，內容精簡，容易閱讀，各章均順序排列，作者首先自我提出風水問題，如：風水可信嗎？、風水是否很深奧？風水能改運嗎？然後從命運本質談改運邏輯，再引伸出風水初學者的入門路徑，然後進入主題。

後半部份列出風水外巒頭避坑指南，用重點述說家居室內設計要點及辦公室風水設計，再提示如何選擇風水師傅，並說出家居風水佈局核心要點，最後一章是回應筆者自定的書名《改運！要先懂風水嗎？》整本書的內容順理成章，次序流暢，雖是基本風水常識，但有風水指導價值，實用性強，可給風水愛好者作參考。

在胡君後記中的風水師看風水的故事，有福德的人，雖然請得明師，本人認為明師最後決定不需要與富豪看風水是錯誤的，就因為富豪是大善人，所以天意安排好一位明師給他，雖然富豪豪宅地點或建在吉穴上，也須人為去調校，使更能得到地運之助力。

本人曾經見過不少案例，無論陰宅或陽居，雖然建在吉穴上，巒頭沒有犯煞，但錯立黃泉八煞線度，引致後代孤絕而敗，這就是缺乏明師所指點而導致大凶，又或福主住在吉穴上，建築物形狀不協調，屋之外相古怪，有福但運未到。雖有福德，但還有所缺，不要以為心地好就一定係行好運，若壞的因果不能了斷，還是要等待福報的來臨！

本人曾經在廣西賀州勘察過一間陳王祠，雖在一塊吉穴上，逆收大局水神之生氣，無論龍、穴、砂、水，均是一流的，但無奈神廟錯立鄰卦向度，是龍向交戰之局，真的是還欠那些子。陳王祠內所供奉的神靈，生前是一個非常大善的秀才大善人，故他死後村民立祠祀奉祂。

原來善行只是福德，如達摩祖師對梁武帝說沒有功德的道理是一樣的，所以本人極之認同胡君的看法，但無論如何，風水只是表達因果的方式而矣！在此本人祝願出版順利，祈望胡君未來能著作多些風水書籍，以供讀者們分享。

繼大師寫於香港明性洞天

乙巳年端陽

小葫蘆著、繼大師編《全書完》

榮光園有限公司出版 —— 繼大師著作目錄：

已出版：正五行擇日系列

一《正五行擇日精義初階》二《正五行擇日精義中階》

風水巒頭系列 — 三《龍法精義初階》四《龍法精義高階》

正五行擇日系列 — 五《正五行擇日精義進階》六《正五行擇日秘法心要》七《紫白精義全書初階》

八《紫白精義全書高階》九《正五行擇日精義高階》十《擇日風水問答錄》

風水巒頭系列 — 十一《砂法精義一》十二《砂法精義二》

擇日風水系列 — 十三《擇日風水尅應》十四《風水謬論辨正》

風水古籍註解系列 — 十五《三元地理辨惑》馬泰青著 繼大師標點校對

十六《三元地理辨惑白話真解》馬泰青著 繼大師意譯及註解

風水巒頭系列 — 十七《大都會風水秘典》十八《大陽居風水秘典》

三元卦理系列 — 十九《元空真秘》原著及註解上下冊（全套共三冊）劉仙舫著 繼大師註解

風水祖師史傳系列 — 二十《風水祖師蔣大鴻史傳》

三元易盤卦理系列 — 廿一《地理辨正疏》蔣大鴻註及傳姜垚註 張心言疏 繼大師註解（全套共上下兩冊）廿二《地理辨正精華錄》

大地遊踪系列 — 廿三《大地風水遊踪》廿四《大地風水神異》

廿五《大地風水傳奇》與 廿六《風水巒頭精義》限量修訂版套裝（廿五與廿六全套共二冊）

正五行擇日系列 — 廿七《正五行擇日精義深造》

風水古籍註解系列 — 廿八《千金賦說文圖解》—（穴法真秘）— 劉若谷著 繼大師註解

風水巒頭系列 — 廿九《都會陽居風水精義》 卅《水法精義》

正五行擇日系列 — 卅一《正五行擇日尅應精解》 **風水巒頭系列** — 卅二《風水秘義》

卅三《穴法精義》 **風水古籍註解系列** — 卅四《奇驗經說文圖解》— 目講師纂 — 繼大師註解

風水祖師史傳系列 — 卅五《風水明師史傳》

正五行擇日系列 — 卅六《正五行擇日訣法》

風水祖師史傳系列 — 卅七《風水明師呂克明史傳》〈非賣品〉個人收藏版，隨《玄空真解》附送

風水古籍註解系列 — 卅八《玄空真解》上下冊 — 繼大師註解（全套共六冊）

三元卦理系列 — 卅九《三元地理命卦真解》

風水古籍註解系列 — 四十《管虢詩括暨葬書釋義》繼大師註解

大地遊踪系列 — 四十一《風水靈穴釋義》

四十二《大地墳穴風水》 四十三《風水擇日證驗解說》

A1《改運！要先懂風水嗎？》小葫蘆著 — 繼大師編

未出版：

四十四《香港風水穴地》四十五《廟宇風水傳奇》

四十六《香港廟宇風水》四十七《港澳廟宇風水》四十八《中國廟宇風水》

風水古籍註解系列 —繼大師註解 四十九《青烏經暨風水口義釋義》

五十《管氏指蒙雜錄釋義》 五十一《雪心賦圖文解義》（全四冊）

榮光園有限公司簡介

榮光園以發揚中華五術為宗旨的文化地方，以出版繼大師所著作的五術書籍為主，首以風水學，次為擇日學。

風水學以三元易卦風水為主，以楊筠松、蔣大鴻、張心言等風水明師為理氣之宗，以形勢「巒頭」為用。擇日以楊筠松祖師的《正五行擇日造命法》為主。

為闡明中國風水學問，用中國畫的技法劃出山巒，以表達風水上之龍、穴、砂及水的結構，以國畫形式出版，亦將會出版中國經典風水古籍，加上插圖及註解去重新演繹其神韻。 日後榮光園若有新的發展構思，定當向各讀者介紹。

作者簡介 作者小葫蘆業餘玄學愛好者。師從風水名宿*繼大師，系統研習風水擇日之學二十餘年。承師門所授，專攻三元玄空風水，於六十四卦運算、元運旺衰及巒理配合之理法頗有心得；同時深諳擇日吉課*配合空間佈局之重要性。非執業者，然懷抱對傳統文化之熱忱，堅持以嚴謹態度研習與印證。開寫此書，旨在分享個人研習過程中的思考與體悟，以文會友。

A1-《改運！要先懂風水嗎？》小葫蘆著 繼大師編

出版社：榮光園有限公司 Wing Kwong Yuen Limited
香港新界葵涌大連排道35 - 41號, 金基工業大厦12字樓D室
Flat D, 12/F, Gold King Industrial Bldg. , 35-41 Tai Lin Pai Rd,
Kwai Chung, N.T., Hong Kong

發行：聯合新零售(香港)有限公司 SUP RETAIL (HONG KONG) LIMITED
地址：香港新界荃灣德士古道220～248號荃灣工業中心16樓
16/F, Tsuen Wan Industrial Centre, 220-248 Texaco Road, Tsuen Wan, NT, Hong Kong
電話：(852) 2150 2100
電郵：info@suplogistics.com.hk

榮光園有限公司 繼大師

印刷：榮光園有限公司 Wing Kwong Yuen Limited
電話：(852) 6850 1109
電郵：wingkwongyuen@gmail.com
繼大師電郵：masterskaitai@gmail.com

A1-《改運！要先懂風水嗎？》小葫蘆著 繼大師編

ISBN：978-988-70695-4-6
定價 HK $150-
版次：2025年7月 第一次版

ISBN 978-988-70695-4-6

9 789887 069546